Harry, der Losverkäufer

Er trug sein Los und wurde wieder froh

Eine Geschichte mit Hintergrund

…über Einsamkeit, falsche Selbstvorwürfe und
die Themen Persönlichkeit und Kommunikation

von

Wolfgang-Rüdiger Kaufmann

CONSEQUENTIA

...weil alles im Leben eine Folge ist!

Wolfgang-Rüdiger Kaufmann

Hermann-Löns-Weg 12

29348 Eschede

www.CONSEQUENTIA.de

Herstellung und Verlag:
Books on Demand GmbH, Norderstedt
ISBN 978-3-8391-6127-2

Vorwort

Harry, ein Mensch auf der Suche nach einer neuen sinngebenden Aufgabe. Enttäuscht von einigen Menschen versucht er sein Glück letztendlich als Losverkäufer auf Jahrmärkten. Einsam zieht er durch die Lande und kann mit seinen Erinnerungen nicht fertig werden. Ohne Selbstvertrauen lebt er sein Leben. Er erwartet nichts positives mehr vom Leben. Er möchte nur noch ein wenig Freude bringen. Dann hören ihm ein paar Menschen aufmerksam zu, denen er in der Vergangenheit geholfen hat. Sie schenken ihm ein wenig Aufmerksamkeit. Einer der Zuhörer gibt ihm das Selbstvertrauen zurück, indem er lediglich „zuhört" und einige Hinweise gibt.

Diese Hinweise dringen jedoch in sein Unterbewusstsein vor und lösen seinen alten Kampfgeist wieder aus.

Er erinnert sich an sein alten Tugenden und seinen ausgeprägten Willen zum Überleben.

Er kehrt zurück in die Wirklichkeit und gewinnt sein ursprüngliches Selbstvertrauen wieder zurück.

Ob er inzwischen wieder in seinem erlernten Beruf in der Immobilienwirtschaft tätig ist, können wir nicht sagen.

Aber wir wissen- er hat seinen Siegeswillen wiedergefunden.

Es war eine kühle Herbstnacht. Irgendwo im Norden von Deutschland. Eine kleine verschlafende Gemeinde. Es war nasskalt. Kein Mensch war auf der Dorfstraße zu sehen. Es war einer von vielen kleinen Orten, wie Harry sie in den letzten Jahren zu hauf kennengelernt hatte.

Harry, der Losverkäufer, der mit seiner alten Benz-Zugmaschine, dem großen, alten Anhänger mit den Gewinnen von Ort zu Ort zog. Hinter dem großen Hänger, in dem sich mancher Kindertraum verbarg, holperte der noch um einige Jahre ältere Wohnwagen klappernd hinterher.

Der Wohnwagen, der Harry an seine Vergangenheit erinnerte. Eine Erinnerung an frühere Zeiten. Zeiten, in denen es Harry finanziell besser ging. Aber auch an Zeiten, in denen er sich von Menschen enttäuscht fühlte. Von Menschen, die keine Skrupel hatten und nur an sich dachten. An sich und ihren Erfolg. Sie waren nur auf materielle Dinge bedacht und darauf von anderen beneidet zu werden. Sie protzten mit ihren Statussymbolen. Mit großen Autos, schnellen Motorrädern und angeblich so tollen Frauen.

Harry hat sie nie beneidet.

Er war anders. Er kam mit seiner Welt damals nicht mehr zurecht. Es war nicht mehr die Welt, die er sich in seinem Kopf vorstellte. Die er durch seine Erziehung und in vielen Jahren kennengelernt hatte. ER glaube an das Gute in den Menschen. Er hatte Ideale. Ideale, wie Loyalität mit seinem Arbeitgeber. Der Glaube an seine Ehrlichkeit. Einer Ehrlichkeit, in der die Menschen, die Mitmenschen eine große

Rolle spielen. Er war lieber bereit auf einiges zu verzichten als andere Menschen zu übervorteilen.

Dann kam Harry an die scharfe Kurve. Die scharfe Kurve, die mitten im Dorf nach rechts ging. Links die alte Kirche, umgeben von alten, großen Bäumen – mächtigen Eichen. Gegenüber die alte Häuserreihe, in deren Mitte sich ein

Neubau mit Geschäften und kleinen Büros befand. Hier sollte Harry nach den Beschreibungen, die er bekommen hatte, nach links abbiegen um zum Schützenplatz zu kommen.

Schützenplätze. Wie viele hatte er in den letzen Jahren kennengelernt? Er wusste es nicht mehr. Er konnte sie nicht mehr zählen. Schützenplätze, Fußballplätze, Dorfgemeinschaftsplätze, alles Plätze, die sich für einen Jahrmarkt eigneten. Die im Frühjahr, Sommer und Herbst seine neue Heimat geworden waren. Seine Heimat, sein Zuhause, wo er mit der alten Zugmaschine, dem Hänger der Losbude und seinem erinnerungsbeladenen Wohnwagen hielt und Menschen mit seinen kleinen und großen Gewinnen Glück brachte.

Glück, was er sich einmal anders vorgestellt hatte. Er hatte von einer glücklichen Familie geträumt. Von einem Haus mit Kindergeschrei und einer Ehefrau, die er verwöhnen wollte. Von gemeinsamen Reisen durch die Welt. Von einem

Arbeitsplatz, an dem er seinen gelernten Beruf mit seiner Einstellung gegenüber Menschen verbinden konnte. Von gemeinsamen Erlebnissen und einem ruhigen Lebensabend im Kreis seiner geliebten Familie.

Er musste einen Moment warten. In dieser so ruhigen Ortschaft musste er nun an der beschriebenen Ecke warten. Er konnte mit seinem langen Gefährt nicht abbiegen. Er musste erst eine Kolonne von zahlreichen Lastwagen vorbeiziehen lassen. Die Kolonne zog sich in dieser engen unübersichtlichen Kurve schier endlos hin. Es waren sicherlich fünfzehn große Sattelzüge, die ihm in dieser Situation donnernd passierten. Mülllaster, die durch Deutschland zogen um den Inhalt von Glascontainern aufzunehmen und diesen zum recyceln zu bringen. Harry kam sich oft auch wie altes Glas vor. Glas welches stumpf und beschlagen in der Ecke lag und nur darauf wartete „recycelt" zu werden. Erneuert – aus alt mach neu – wenn das nur bei Menschen auch so einfach ginge.

Dann konnte Harry mit seinem Gefährt abbiegen. Vorbei an einer kleinen Kneipe, aus der noch Musik klang, ging es an einem alten, aber schönen und anscheinend renovierten Gebäuden vorbei. Auch dieses Gebäude hätte sicherlich vieles aus alten Zeiten berichten können. War dort schon immer eine Apotheke eingerichtet?

Was mag sich alles um dieses Gebäude herum ereignet haben. Sicherlich hätte es Romane schreiben können.

Einen Roman, wie ihn auch Harry hätte schreiben können. Eine Geschichte über sein Leben. Über die Erlebnisse, die er in seinem bewegten Leben mit Menschen erlebt hat.

Erlebt und überlebt.

Harry hielt sich für einen bescheidenen Menschen, der viel zu wenig für sich selbst gemacht hat. Fast immer hatte er nur an Andere gedacht. Nicht, das er dies jemals ernsthaft bereut hätte. Aber er war enttäuscht von

Menschen, die nach seiner Meinung nur an sich dachten. Zumindest waren ihnen andere, fremde Menschen egal. Für ihre eigenen Familien hatten sie vielleicht auch einiges übrig.

Er konnte sich dies allerdings nicht vorstellen. Wie sollte sich ein Mensch einerseits so menschenfeindlich und andererseits so menschenfreundlich verhalten.

Nun war an dem Schützenplatz angekommen.

Durch die vielen Regenschauer in den letzten Tagen war der Platz aufgeweicht. Nur die befestigte Straße, die zu den Sportplätzen, dem Schwimmbad und mit einer Abzweigung zum Schützenhaus führte, bot den schweren Fahrzeugen die Möglichkeit einigermaßen zu rangieren.

Er stellte sein Fahrzeug ab und ging durch die kühle, dunkle Nacht zum Platzwart. Dieser war gerade damit beschäftigt, den anderen Ausstellern des Herbstmarktes ihre Plätze zu zuweisen. Es waren schon einige Fahrgeschäfte sowie Verkaufsstände aufgebaut.

Ja, gebaut. Gebaut hatte Harry nie selbst, jedenfalls kein Haus. Er hatte in seinem Leben drei Häuser gekauft. Nicht zur gleichen Zeit. Nacheinander. An diesen Häusern hat er dann mit seinem handwerklichen Geschick die persönliche Note eingebracht. Die persönlichen Dinge, die ein Haus erst richtig, gemütlich machen, Holzdecken, Badezimmer gefliest, die Gärten angelegt, Teppichboden verlegt, Holzverkleidung an den Wänden, Fachwerk als Abschluss zwischen der offenen Küche und dem Flur , ein Kinderhaus. Weil, diese Häuser auf dem Lande standen, hat er eine längere Fahrzeit zu seinen Arbeitsplätzen in der großen Stadt auf sich genommen. Diese Zeiten hat er auf sich genommen, weil er glaubte, seiner Familie, seinen Kindern und seiner Frau ein schöneres Leben in den eigenen vier Wänden bieten zu können. Das glaubte er jedenfalls...

Weil er glaubte, dort, draußen, wo die Kaufpreise noch günstig waren, alleine für den Lebensunterhalt aufkommen zu können. Jahrelang ging es auch gut. Er konnte seiner Familie alles bieten. Da waren die vielen Reisen, die man gemeinsam unternommen hat. Mit den eigenen Wohnmobilen. Erst mit einem alten VW-Bus, der für wenig Geld angeschafft wurde, als die Tochter geboren wurde. Der von einem Bastler nach einem ausgetüftelten Plan ausgebaut worden war. Mit viel hellem Holz, dunkelbraunen Bezügen und vielen kleinen Fächern für allerlei Nützliches . Dinge, die man auf den Reisen gut gebrauchen konnte. Ein Tisch hing unter der Decke, Klappstühle unter dem Bett...es war an alles gedacht.

Während er noch an das Wohnmobil und die ersten Reisen dachte, wandte sich der Platzwart an ihn. Er bekam einen Platz in der Nähe des Schützenhauses. Er konnte seinen Anhänger direkt quer zur Straße platzieren. Dahinter war Platz für das Zugfahrzeug sowie den Wohnwagen. Durch den aufgewühlten, nassen

Boden war es nicht ganz einfach die Fahrzeuge zu bewegen. Mit Hilfe der anderen Schausteller war es jedoch möglich. Nach einer halben Stunde standen die drei Fahrzeuge auf geeigneten Plätzen.

Teamarbeit, das war auch früher für ihn eine erfüllende Tätigkeit. Gern hat er mit Menschen zusammen gearbeitet. Hat ihnen mit Rat und Tat zur Seite gestanden. Hat sich Gedanken gemacht, wie die Arbeit, die anstand am besten zu organisieren war. Wie die Arbeitsabläufe sinnvoll gestaltet werden konnten, um die Arbeit innerhalb einer angemessenen Zeit zu schaffen. Er hat sich Gedanken gemacht, wie er und seine Kollegen für das Unternehmen effektiv arbeiten konnten. Er hat Einkaufspassagen neu gestaltet, in dem er überflüssige Verbindungsgänge zu Verkaufsflächen umgestaltete. Dadurch höhere Einnahmen für seinen Arbeitgeber und damit für die Versicherten erreicht. Zusammen in einem Team aus einem Architekten, einer Mitarbeiterin, die sich um die Betriebs-und

Heizungskosten kümmerte, wurden die Gedanken in Pläne und anschließend in Taten umgesetzt. Gern hat er die Verhandlungen mit den Mietern geführt. Hat Ihnen die Vorteile der Umgestaltung vermittelt. Hat eine Werbegemeinschaft ins Leben gerufen und zusammen mit einem Kollegen dafür gesorgt, das diese Gemeinschaft aktiv am Wirtschaftsleben des Ortes teilnahm.

Hat Ideen für Werbeaktivitäten, Weihnachtsdekorationen und einen interessanten und sinnvollen Mietermix in die Gemeinschaft eingebracht. Viel Zeit und Kraft hat er in dieses Objekt gesteckt.

Hätte er gewusst, dass unter anderem gerade dieses Objekt, was er im Laufe der Zeit fast lieb gewonnen hatte, ihm das Genick brechen sollte.

Er hätte sich vielleicht anders verhalten. Aber es war nicht das Objekt. Es waren auch nicht die Menschen, die dort ihren Geschäften nachgingen. Es war lediglich ein Mensch, der ihm das Genick gebrochen hat. Der ihm Dinge unterstellt hat, die ihm im Traum nicht eingefallen wären. Er sollte das Unternehmen, seinen Arbeitgeber, für den er letztliche fast zwölf Jahre tätig gewesen ist, wirtschaftlichen Schaden zugefügt haben. Erst sollte er nur Bearbeitungsfehler gemacht haben. Später, im Verlauf der Verleumdungen, die immer schlimmer wurden, soll er sogar große wirtschaftliche Schäden angerichtet haben.

Während er so seinen Gedanken nachhing, sah er, dass hinter seinem Anhänger schon ein anderer Wohnwagen stand. Mehrere Männer waren trotz der Dunkelheit noch am arbeiten. Harry erkannte in dem Licht einiger Lampen ein bekanntes Gesicht, es war der Kettenmann.

Der Kettenmann, so nannten die Freunde liebevoll den Betreiber des Kettenkarussells, war ein muskulöser Zweimetermann, der ebenfalls seit Jahren mit seinem Karussell auf kleiner Fahrt war. Er hatte zwei junge Männer dabei, die Ihm halfen, das Fahrgeschäft aufzubauen und während der Markttage die Fahrchips einzusammeln. Außerdem sollten sie dafür sorgen, dass die Fahrgäste sicher in den Schaukeln saßen. Bevor einmal ein Jugendlicher aus lauter Übermut sich nicht richtig in der Schaukel gesichert hatte und dadurch währen der Fahrt aus dem Karussell gestürzt war, hatte der Kettenmann alles alleine gemacht. Zum Glück waren die Verletzungen damals nur leicht.

Der Kettenmann wollte aber kein weiteres Risiko eingehen. Und lieber auf Geld verzichten als anderen Menschen Schaden zuzufügen.

Harry`s Gedanken gingen wieder ihren eigenen Weg.

War es wirklich sein Ziel. War es das was, er wirklich wollte. Wollte er nicht nur in Ruhe leben dürfen. Sein Fachwissen über Immobilienverwaltung, der Vermietung von Wohn- und Gewerberäumen nachgehen. Für Arbeit fair und angemessen bezahlt werden. Wollte er nicht mit seinem Beruf, der mehr als nur ein Job war, er war seine Berufung, wollte er damit nicht dazu beitragen, das

Grundbedürfnisse von Menschen befriedigt werden. Grundbedürfnisse nach einer Behausung, die ihnen Schutz vor Wind und Wetter bieten würde. Aber gerade dieses Grundbedürfnis wurde wirtschaftlich so ausgenutzt, das es für ihn kriegsähnliche Ausmaße annahm.

Harry war einerseits froh, dass er auch einmal das andere Leben kennengelernt hat, dennoch hätte er gern mehr für andere Menschen gemacht. Er hatte davon geträumt, Menschen zu helfen, die in ähnlicher Situation waren wie er. In einer Situation, die ihm so viele Probleme bereitete hat.   Probleme die er für sich verkraften konnte. Aber die so viel Veränderungen für seine Familie gebracht hat. Gern hätte er ihnen, seinen Angehörigen, diese Veränderungen erspart. Andererseits haben seine Kinder schon in relativ frühen Jahren gelernt, wie gefährlich es ist, anderen Menschen zu schnell – nein überhaupt zu vertrauen. Dass man sich lieber um Freunde kümmern soll, als dem großen Geld hinterher zu laufen. Auch ohne das große Geld kommt man durchs Leben. Aber nicht ohne Freunde. Freunde und eine Aufgabe, die einem Spaß macht. Und was einem Spaß macht, das macht man gern. Und was man gern macht, das merken andere und der Funke der Zufriedenheit springt über.

So wie der Funke überspringt, wenn Harry seine Lose verkauft. Jeder weiß, dass er nicht nur Gewinne in seiner Lostrommel – einem alten Plastikeimer –hat. Auch Nieten gehören in eine richtige Auswahl von Losen. Nieten, mit denen man leben muss. Nieten, wie im richtigen Leben. Hat man genug Geld und kann sich alle Lose kaufen, wird man die Losbude leer räumen können. Man wird alle Preis mitnehmen.

Aber lohnt es sich? Ist es das, was eine Losbude ausmacht? Ist es das, was die Kunden wollen? Ist es nicht vielmehr die Spannung. Die Spannung - mit möglichst wenig Geld einen Preis zu bekommen. Einen Preis, der vielleicht im nächsten Laden günstiger zu kaufen wäre als man hier beim Losverkäufer dafür bezahlen muss.

Liegt der Reiz nicht vielmehr darin, mit ein bisschen Glück für wenig Geld etwas zu bekommen. Etwas was man unter Umständen gar nicht benötigt. Was bereits nach kurzer Zeit irgendwo in der Ecke sitzt und verstaubt.

Etwas von dem man sagen kann, man hatte Glück.

Glück hatte Harry auch. Sein ganzes bisheriges Leben war eigentlich glücklich. Nur manchmal wollte er etwas schneller haben, als es eigentlich im wirklichen Leben möglich ist. Dafür musste Harry bezahlen. Er war bereit zu zahlen. Er wollte all seinen Gläubigern das Geld zahlen, was er ihnen schuldete. Aber er brauchte Zeit. Zeit um sich persönlich zu dem zu entwickeln, was er eigentlich war. Er war ein Mensch, der helfen wollte. Der bereit war mehr zu geben als zu nehmen.

Er konnte die Leistung anderer besser verkaufen als seine eigene.

Deshalb war er schließlich auch Losverkäufer geworden. Als Losverkäufer konnte er aus kleinen Papierschnipseln etwas fast Unmögliches machen. Kleine Papierschnipsel, die zum Glücksbringer werden konnten. Nur selten ließ er den Traum nach etwas Glück platzen. Meistens gab er auch den Menschen etwas, die eine Niete gezogen hatten. Kleinen Kindern schenkte er Kleinigkeiten, für die sie unendlich dankbar waren. Für einen kleinen Lolly leuchteten ihre Augen über das ganze Gesicht. Auch er hatte dabei wieder gelernt sich über Kleinigkeiten zu freuen. Das Leuchten in den Augen der Kinder war ihm mehr Wert als mancher Scheck, den er in der Vergangenheit erhalten hatte. So brauchte er nur ein paar Euro um von einem zum anderen Jahrmarkt zu kommen. Etwas Geld, um seinen Gläubigern die Forderungen in Raten zurück zu zahlen. Und ein bisschen Geld für eine bescheidene Lebensführung sowie ein paar Euro für die

Familie, die wie früher nur selten von ihm persönlich etwas hatte.

Dieses war es auch, was ihm am meisten bedrückte. Die Trennung von seiner Familie. Er hatte zwar einen Weg gefunden, wie er finanziell überleben konnte. Auch wie er etwas Freude unter die Menschen bringen konnte. Aber den Menschen, denen er eigentlich am meisten helfen wollte, konnte er nicht so nahe sein, wie er es gern gewollt hätte. Er malte sich aus, wie er Zuhause bei der Familie war. Wie er sich um sein Enkelkind kümmerte. Wie er ihr Geschichten vorlas. Wie er an ihr versuchte all das wieder gut zu machen, was er bei seinen eigenen Kindern aus Zeitmangel versäumt hatte. Konnte er es überhaupt wieder gut machen? Wollte überhaupt jemand, dass er seine Fehler wieder gut machte? Waren es vielleicht auch nur die eigenen Schuldgefühle, von denen er sich leiten ließ. Waren es, wie früher, die eigenen Eindrücke und Vorwürfe, die ihn immer wieder auf die Straße und die Jahrmärkte trieben? Warum war er nicht mit dem zufrieden, was er für die Menschen bereits getan hatte? Warum wollt er noch mehr?

Er fühlte sich noch immer den Menschen gegenüber verpflichtet.

Seit er das erste Mal von Arbeitslosengeld leben musste, war er nicht mehr der Mensch, der er vorher war. Die falschen Beschuldigungen von dem ehemaligen Vorgesetzten hatten ihn zutiefst verletzt. Er wollte den Menschen beweisen, dass er nicht so schlecht war, wie man ihn dargestellt hatte. Er hatte dem Unternehmen keinen Schaden zugefügt. Jedenfalls nicht mutwillig und nicht vorsätzlich. Nicht so, wie der Kollege, der für den Erhalt seines Arbeitsplatzes bereit war andere Menschen zu verunglimpfen. Vielleicht war auch sein damaliges Verhalten gegenüber seinen Vorgesetzen nicht ganz so freundlich und so, wie es hätte sein sollen. Aber sein Verhalten war eine Reaktion auf das Verlangen seines

Vorgesetzten. Es war nicht richtig, gegenüber dem Vorstand falsche Zahlen zu nennen, nur um den Verkauf der 40 Immobilienobjekte nicht zu gefährden. Wäre die ganze Sache wirklich an diesem einen Objekt gescheitert? Waren noch mehr Objekte falsch dargestellt? Hatte der Vorgesetzte noch weitere Vorteile von den Verkäufen? Erhielt er vielleicht von Maklern, die mit dem Verkauf befasst waren Provisionen? So wie er es später noch häufiger feststellen konnte. Die Branche hatte nicht nur den Ruf korrupt zu sein. Sie war es auch. Jedenfalls ab einer bestimmten Hierarchie schien jeder an den Verkaufserlösen inoffiziell beteiligt zu sein. Er wollte an solchen Geschäften nicht beteiligt sein.

Aber er glaubte nach wie vor daran, dass er nicht nur unseriöse Unternehmen und Menschen in der Branche gab. Aber er hatte ein bisschen Hoffnung aufgegeben, einen entsprechenden Arbeitgeber zu finden, Einen Arbeitgeber der ihm die Chance für den Beweis seiner Loyalität und seiner Fähigkeit einräumte.

Inzwischen hatte sich auch der Zuckerbäcker zu den Vieren gestellt. Es begann eine Diskussion über die Platzgebühren. Sie sollte in diesem Jahr schon wieder höher sein. Der Bäcker war nicht bereit dies zu akzeptieren. Er forderte die anderen auf zu rebellieren. Es gab aus seiner Sicht keinen Grund für die Erhöhung. Also war er nicht bereit zu zahlen. Sie diskutierten darüber. Harry wies darauf hin, dass er bereits mit der Anmeldung von den neuen Gebühren erfahren habe. Auch der Kettenmann war entsprechend informiert worden. Die beiden sahen keinen Grund für die Aufregung. Schließlich hätte sie sich bereits zu dem Zeitpunkt darüber beklagen können. Sie hätten auch nachgefragt und den Hinweis auf die neuen Sanitäranlage mit den Dusche bekommen, die sie während der Veranstaltung nutzen können. Es gab für sie also keinen Grund sich aufzuregen. Und sie überzeugten auch den Zuckerbäcker. Sie setzten sich in den Wohnwagen von Harry und setzten die Unterhaltung mit Interessanten Themen fort.

Harry aber war mit seinen Gedanken wieder bei seiner Familie. Sollte er sein Zigeunerleben aufgeben und sich wirklich mehr zu Hause um seine Familie kümmern? War ihm dies aufgrund seiner finanziellen Situation überhaupt möglich? Er wollte sich informieren und Gedanken über eine Aufgabe machen, die ihm Gelegenheit dazu gab, von zu Hause aus zu arbeiten. Oder zumindest irgendwo in der Nähe seines Wohnortes. Damit er nicht mehr auf der Pirsch sein musste. Der Zuckerbäcker sprach Harry an und riss ihn aus seinen Gedanken. Er wollte wissen, woran er gerade gedacht hatte. Er hatte gemerkt, dass Harry nicht bei der Sache war. Schließlich kannte er Harry bereits seit einigen Jahren. Er wollte wissen, ob er Harry helfen konnte. Immerhin hatte auch Harry ihm schon mehrfach geholfen. Wie vielen anderen Kollegen auch schon.

Obwohl es schon sehr spät war, begann Harry zu erzählen. Er erzählte von seinem Werdegang. Seiner Ausbildung in der Wohnungswirtschaft, den besuchten Seminaren, der Fortbildung zum

Fachwirt, seinen Erfahrungen mit dem Mobbing, seiner Zeit als Arbeitsloser, seinen Versuchen trotz seiner finanziellen Situation sich selbständig zu machen, seinen Fehlern, die er gemacht hat, weil der finanzielle Druck auf ihn zu groß war. Seinen Versuchen immer wieder auf die Beine zu kommen. Seinen Partnerschaften mit honorigen Menschen, die anscheinend nur eins im Sinn hatten, ihn zu benutzen und anschließend wieder zu entsorgen. Die keine Scheu davor hatten, falschen Angeben über ihre Unternehmen zu machen um an Kunden zu kommen. Partnern, die Verträge abschlossen, obwohl sie zu keinem Zeitpunkt in der Lage gewesen wären ihren Verpflichtungen nachzukommen. Seinen guten Ideen, die ihm geklaut wurden und von anderen ausgeschlachtet wurden. Von Menschen, die Steuergelder in Millionenhöhe erhielten um Fehler anderer Menschen zu korrigieren. Fehler für die angeblich keiner die Verantwortung trug. Keiner sah sich in der Lage bereits zu einem früheren Zeitpunkt einzugreifen und so den

Schaden geringer zu halten. Keiner der von Harry informierten Personen standen dazu, die Informationen bereits früher bekommen zu haben und sie so in der Lage gewesen wäre, den größeren Schaden zu mindern. Harry war verbittert. Verbittert, darüber das er für seine Verpflichtungen einstehen wollte, andere aber im Traum nicht daran dachten, die Konsequenzen für ihr Handeln zu ziehen.

Es dämmerte bereits, als Harry am vorläufigen Ende seiner Lebensgeschichte angekommen war. Es schien ein schöner Tag zu werden. Sie Sonne schickte die ersten Strahlen über den Horizont als der Zuckerbäcker, der Kettenmann und seine beiden Gehilfen den Wohnwagen verließen.

Der Kettenmann sagte beim Hinausgeben:

Liebe deine Sache, verändere sie oder verlasse sie.

Mache Deine Sache zu 100 Prozent oder gib sie auf.

Gehe dorthin wo Du gebrauchst wirst

- Wo man Dich will –
- Dich als Mensch, mit Deinen Ideen, Deinen Erfahrungen und Deinen Eigenarten –
- Dorthin, wo Du **DU** sein darfst.

Kümmere Dich nicht um Menschen, die Dich nicht wollen – Sie sollen alleine zurechtkommen.

Aber verfolge Deine Ideale –gib sie nicht auf –

Glaube an Dich

Glaube an Deine Familie

Glaube an Menschen, die Dir etwas bedeuten

Und denen Du mit Deinem Wissen Nutzen bringen kannst

Suche sie und Du wirst Dein Glück finden!

Harry sah den vier Freunden noch ein wenig hinterher, dann schloss er die Wohnwagentür leise hinter sich zu. Machte sich bettfertig und legte sich hin. Seine Gedanken ließen die Worte des Kettenmannes noch einmal an ihm vorüberziehen. Er fühlte sich wohl und hatte ein gutes Gefühl! Es war ein tolles Gespräch. Er konnte einmal richtig in Ruhe über seine Probleme sprechen. Er hatte gleich vier aufmerksame Zuhörer gefunden. Alle hatten ihm gespannt zugehört, Fragen gestellt und mit ihren Gesichtern wahres Interesse gezeigt.

Ja, das waren… nein, das sind wirkliche Freunde!

Hast Du wahre Freunde an Deiner Seite, kannst Du vieles durch Gespräche regeln…

Aber DU bist dafür verantwortlich, dass DU Freunde hast, denen Du etwas erzählen kannst.

Du bist für Dein Leben verantwortlich!

Nehme Dein Leben in die eigene Hand und löse Deine Probleme…

CONSEQUENTIA

...weil alles im Leben eine Folge ist!

Hilft dabei Persönlichkeiten zu ent-wickeln!

Menschen, die durch zahlreiche negative Erfahrungen immer wieder in ihrer Entwicklung gehemmt wurden er-leben, wie sie sich wieder frei ent-falten können!

Weiter Informationen unter

www.CONSEQUENTIA.de

oder unter

info@CONSEQUENTIA.de